...RTS, SCIENCES ET BELLES-LETTRES
INDRE-ET-LOIRE

LE BLACK-ROT DANS LE MIDI

RAPPORT de la Délégation de la Société d'Agriculture
SCIENCES
ARTS ET BELLES-LETTRES D'INDRE-ET-LOIRE

NATURE, CAUSES ET REMÈDES

CARACTÈRES MICROSCOPIQUES ET CULTURE ARTIFICIELLE

AVEC UNE

Planche photographique en couleurs

Prix : 1 franc

TOURS
IMPRIMERIE LOUIS DUBOIS
10, RUE GAMBETTA, 10

1896

LE BLACK-ROT

Imp. L. Dubois, 10, rue Gambetta — Tours

LE BLACK-ROT

SOCIÉTÉ D'AGRICULTURE, ARTS, SCIENCES ET BELLES-LETTRES

D'INDRE-ET-LOIRE

LE BLACK-ROT DANS LE MIDI

RAPPORT de la Délégation de la Société d'Agriculture

SCIENCES

ARTS ET BELLES-LETTRES D'INDRE-ET-LOIRE

NATURE, CAUSES ET REMÈDES

CARACTÈRES MICROSCOPIQUES ET CULTURE ARTIFICIELLE

AVEC UNE

Planche photographique en couleurs

Prix : 1 franc

TOURS

IMPRIMERIE LOUIS DUBOIS

10, RUE GAMBETTA, 10

1896

Au mois d'août dernier (22-27 août 1896), une délégation de la *Société d'Agriculture d'Indre-et-Loire*, composée de M. Aug. Chauvigné, secrétaire perpétuel de la Société et de M. Alex. Renou, propriétaire-viticulteur à Perrusson (Indre-et-Loire), se rendait dans le Midi pour y étudier le Black-Rot ce nouveau et redoutable fléau de la vigne.

A la délégation s'était joint M. Louis Dubois, directeur du *Tourangeau*.

Le programme du voyage était :

1° De constater le mal, l'intensité de ses ravages et les dangers qu'il pouvait présenter pour notre région ;

2° D'en pénétrer, autant que possible, la nature et les causes, pour en trouver le remède ;

3° De rechercher les moyens pratiques : soit de nous préserver de son invasion ; soit de le combattre, si nous venions à être envahis.

La délégation rendit compte de sa mission en réunion publique, organisée sous les auspices de la Société d'Agriculture d'Indre-et-Loire et tenue à Tours (salle de l'École de musique), avec le concours de la Municipalité, le samedi 5 septembre 1896.

Dans cette réunion, M. Aug. Chauvigné traita le premier point du programme, M. Louis Dubois le second, et M. Alex. Renou le troisième.

Au cours de la réunion, M. le docteur R. Boureau, de Tours, fut invité à rendre compte des travaux de laboratoire qu'il venait de commencer sur le champignon du Black-Rot : étude microscopique et culture artificielle.

A la suite de cette réunion, il fut décidé que les diverses communications dont nous venons de parler seraient publiées *in-extenso* en brochure, et M. Dubois se chargea de l'édition.

La présente brochure contient donc :

I. — LE BLACK-ROT DANS LE MIDI, **intensité de ses ravages, dangers qu'il présente pour notre région.** — Rapport de M. *Aug. Chauvigné*, lu à la réunion du 5 septembre.

II. — LE BLACK-ROT, **nature, causes, remèdes.** — Étude de M. *Louis Dubois*, complétée depuis la réunion par des travaux personnels.

III.— MOYENS PRATIQUES **de se préserver du Black-Rot et de le combattre.** — Rapport de M. *Alex. Renou,* lu à la réunion du 5 septembre.

IV. — NOTE SUR LE BLACK-ROT, **étude microscopique et culture artificielle.** — Résumé des travaux de laboratoire de M. le docteur *R. Boureau.*

Ainsi comprise cette brochure présente, en quelques pages, une étude aussi complète que possible du Black-Rot.

Étude suffisante pour le praticien, qui lui permettra :

de reconnaître à coup sûr le Black-Rot, et cela dès ses premières manifestations, ce qui est capital ;

de prendre les précautions qui en retarderont l'invasion ;

de le combattre *pratiquement* et *efficacement*, autant que le permet l'état actuel de nos connaissances.

Pour que tout vigneron qui aura cette brochure puisse reconnaître à première vue le Black-Rot, et pour donner à notre publication un attrait plus grand, nous y avons joint une **Planche en couleurs**, obtenue par un procédé nouveau, qui rend avec la plus scrupuleuse exactitude — exactitude **photographique, —** la nature elle-même.

Des raisins blackrotés, pris à Serbat, commune de Moncrabeau (Lot-et-Garonne), chez M. Lanoire, conseiller général de la Gironde, ont été photographiés par la société « La Photographie en couleurs » de Puteaux, qui en a obtenu des clichés typographiques spéciaux.

C'est à l'aide de ces clichés, que nous avons exécuté nous-même le tirage qui a donné la gravure en couleurs que l'on trouvera dans la brochure.

Cette gravure en couleurs marque, en France, le point de départ d'une véritable révolution typographique. Elle vaut à elle seule le prix de l'ouvrage.

Bien qu'on ait beaucoup écrit sur le Black-Rot, — peut-être trop — nous croyons donc présenter au public quelque chose de nouveau en même temps que de pratique.

Nous espérons être surtout utile à cette masse des moyens et petits vignerons, si courageux, mais souvent mal renseignés, qui sont et doivent rester une des forces principales de notre pays.

L'Éditeur.

I

LE BLACK-ROT DANS LE MIDI

RAPPORT DE M. AUGUSTE CHAUVIGNÉ

SECRÉTAIRE PERPÉTUEL
DE LA SOCIÉTÉ D'AGRICULTURE, SCIENCES, ARTS ET BELLES-LETTRES
DU DÉPARTEMENT D'INDRE-ET-LOIRE

Monsieur le Président,

Messieurs,

Vous, que l'avenir de nos vignobles tourangeaux intéresse si vivement, vous n'êtes pas restés indifférents devant les nouvelles inquiétantes que vous avez lues dans les feuilles publiques, depuis quelques mois, relativement au *Black-Rot*.

Nécessité d'une enquête sur place

De tous côtés les journaux quotidiens, comme les Revues viticoles, contenaient des relations de provenance du Midi; les unes annonçaient une ruine complète, d'aucunes disaient le désastre moins considérable, d'autres enfin se contredisaient.

C'était l'incertitude et le mystère, et nos compatriotes étaient fondés à se montrer peu rassurés.

L'un d'eux, l'un des plus distingués parmi les plus dévoués de nos collègues, M. Alexandre Renou, nous fit part de son inquiétude, il en saisit la Société d'Agriculture et jeta même le cri d'alarme dans la presse locale.

Il n'en fallait pas plus, Messieurs, pour éveiller l'attention de notre Société et pour l'engager à une étude immédiate de la question.

En quelques jours d'observation il fut décidé que le point utile à établir était de constater, par une enquête précise sur place, l'évidence et l'importance du danger pour la Touraine.

La Délégation de la Société d'Agriculture

La Société n'hésita pas devant un sacrifice, et une délégation de deux de ses membres, M. Alexandre Renou et le Secrétaire perpétuel, fut nommée pour aller étudier le Black-Rot dans le Midi et dégager cette importante question de toutes les contradictions qui l'obscurcissaient.

C'est alors qu'un autre de nos collègues, M. Dubois, directeur du *Tourangeau*, dont vous connaissez tous le dévouement à la cause agricole, mu par une louable initiative toute personnelle, nous demanda de s'adjoindre à nous et d'apporter à notre enquête sa part de recherches.

L'occasion était belle; un aussi aimable compagnon ne pouvait qu'être accepté avec empressement, et le 22 août dernier nous partions dès l'aube pour Bordeaux.

A Bordeaux

Munis déjà d'un grand nombre de documents sur les régions ravagées par le Black-Rot, mais désireux de nous renseigner tout à fait afin de marcher rapidement et droit à l'ennemi, nous allâmes à la préfecture de la Gironde, dans l'espoir d'y rencontrer M. Vassillière, professeur d'Agriculture; en son absence, son chef de bureau nous parla du Black-Rot avec un calme qui nous surprit quelque peu.

Dans les bureaux, en effet, on ne semble pas redouter le monstre qui veille aux portes du département, on nous signala bien quelques apparitions, un peu partout, d'une façon peu appréciable, il est vrai, mais on nous déclara que le Gers et le Lot-et-Garonne étaient plus sérieusement atteints.

On nous apprit même que M. Lanoire, conseiller général de la Gironde, président du Comice agricole du Médoc et propriétaire du château de Serbat, à Moncrabeau en Lot-et-Garonne, avait à se plaindre de la présence inopportune du terrible cryptogame.

Après quelques recherches nous arrivâmes à rencontrer M. Lanoire au moment où il allait partir par le train du Médoc et, en quelques mots remplis de courtoisie, il nous donna une introduction pour le château de Serbat.

Notre plan de campagne

Notre direction était désormais tracée : Condom devait être notre base d'opérations; et, après avoir employé les quelques instants que nous donnait l'heure du départ chez l'éditeur Ferret, où nous fîmes l'acquisition de quelques ouvrages sur le Black-Rot et de la planche détaillée que vous avez ici sous les yeux (1), nous allâmes coucher à Condom.

A Condom. — Le vignoble de M. Boyer

Dès le lendemain matin nous étions chez M. Boyer, propriétaire, à quelques kilomètres de la ville, et nous abordions le Black-Rot pour la première fois.

C'est dans ce vignoble admirablement tenu et cultivé avec des soins jaloux et intelligents que nous avons fait nos premières constatations. Malgré divers traitements au sulfate de cuivre et au soufre, la récolte, qui est abondante, est atteinte légèrement dans les cépages blancs greffés et est réduite d'un bon tiers dans les vignes rouges, composées d'Alicante et de Petit-Bouschet.

(1) Il s'agit d'une planche en chromo-lithographie qui se trouvait placardée dans la salle le jour de la conférence.

M. Boyer est l'un des rares chercheurs de la contrée et nous souhaitons vivement que ses traitements arrêtent les progrès du mal, qui semblait vouloir se développer.

Le vignoble de M. Lanoire à Moncrabeau

Vers midi, nous arrivions au château de Serbat, à Moncrabeau (Lot-et-Garonne), où nous avons été reçus avec la plus grande affabilité par Madame Lanoire.

Après le déjeûner, nous parcourions l'important domaine, et, au milieu des abondantes explications du régisseur, nous avons observé, sur une même côte, en situation identique, mais sur des cépages différents traités de façons diverses, une partie de vigne rouge dont la récolte est presque totalement détruite, tandis qu'à côté la perte est peu sensible.

Nous pouvions déjà dégager, avec une quasi certitude, l'efficacité des traitements cupriques suivis de soufrages, non pas comme remède direct appelé à détruire le Black-Rot, mais comme préservatif, comme moyen préventif.

Il restait encore à préciser les époques des traitements et à confirmer le mode de développement de la maladie.

La suite de nos excursions à travers l'Armagnac devait compléter nos études.

Le vignoble de M. Carles à Gondrin

Le lendemain matin, à Gondrin, dans le Gers, chez M. Carles, nous remarquions que le Black-Rot a deux façons distinctes de se propager, soit par le pédicelle du grain, dont il provoque la flétrissure et l'envahissement successif, soit par la surface du grain lui-même qu'il attaque progressivement en le teintant d'une couleur brun-clair un peu rosé, pour le dessécher complètement en quelques jours.

M. Carles a été quelque peu déconcertant dans les renseignements qu'il nous a fournis. En 1889, le 23 juillet, le Black-Rot faisait son apparition chez lui et, en quelques jours, la perte de sa récolte était complète.

Dans les années qui suivirent, il n'eut pas de Black-Rot.

En 1895, le 11 juillet, le Black-Rot détruisit en 48 heures, la presque totalité de la récolte à Gondrin; seul, M. Carles, grâce à ses traitements, sauva la sienne. Et cette année, lors de notre visite, il est parvenu à préserver plus des trois quarts de sa récolte.

A Cazaubon

En arrivant à Cazaubon, ayant déjà traversé Eauze, nous débarquions en plein Armagnac et il nous était réservé de visiter de grands domaines.

Après avoir laissé passer les fêtes du pays avec courses de taureaux dont la population se montre si enthousiaste, *M. Louis Bedout*, l'aimable et savant propriétaire du château de la Plaine, nous mettait au courant de ses recherches et des résultats qu'il avait obtenus sur une partie de vignes assez fortement atteintes.

Le sulfate de nickel, sur lequel il avait compté beaucoup au début, ne lui donna que des résultats incertains; les vapeurs sulfureuses développées la nuit par des foyers placés de loin en loin furent également impuissantes.

Enfin une remarque que nous avions déjà faite antérieurement nous fut confirmée par M. Bedout.

Nous avions constaté que les grappes les plus atteintes par le Black-Rot étaient précisément celles qui étaient découvertes et qui offraient dans le sens horizontal leur surface au contact direct de l'air.

Presque toujours, quand l'attaque n'est pas violente, la partie inférieure des grappes et celle qui se trouve sous les pampres est préservée. Convaincu de ce fait, M. Bedout a fait accoler quelques ceps en ramenant leurs rameaux à la partie supérieure, et il est à remarquer que cette disposition a préservé sensiblement la récolte.

Quelques instants après, conduits par M. Bedout, nous arrivions sur le domaine du château de Jouanin, appartenant à *M. Lascourège*, maire de Cazaubon.

Là, nous pûmes visiter un admirable vignoble pouvant produire jusqu'à 3.000 pièces de vin, merveilleusement tenu et défendu contre l'invasion du Black-Rot. Un vaste plateau, des collines arrondissant leur croupe couverte de rameaux verdoyants à perte de vue, tel est l'aspect que produit ce domaine bien fait pour donner l'exemple et du courage aux viticulteurs de la région.

A Cutxan (commune de Cazaubon)

EXEMPLE CONCLUANT

En quittant ce pays, où se produit l'armagnac le plus estimé (la Commission, d'ailleurs, a pu s'en rendre compte au château de la Plaine), notre voiture nous conduisit vers divers villages, où la complaisante initiative de M. Despujos, négociant-propriétaire à Cutxan, nous attendait pour nous guider.

M. Despujos a eu à souffrir du Black-Rot, qui l'a surpris et l'a prévenu pour l'an prochain ; l'intelligence de ce propriétaire reste en éveil devant les leçons de la nature, et c'est à sa bienveillante bonne volonté que nous devons d'avoir trouvé, dans cette même journée, l'exemple le plus instructif, le plus concluant de notre voyage.

A quelques centaines de mètres de chez lui, M. Despujos nous a conduit sur la propriété de *M. Garens*, où nous avons constaté un véritable désastre. Le Black-Rot, à peine combattu, a fait une soudaine apparition : il a exercé sur plusieurs hectares sa terrible besogne, séchant tous les raisins, les couchant au pied des ceps, noirs, grillés, couverts de hideuses pustules ; il s'est chargé de la sinistre vendange !

C'est l'un des ceps de cette vigne que nous avons essayé de photographier, malgré les difficultés du terrain et d'un mauvais éclairage.

Séparé seulement par un sentier, dans la même exposition,

sur un sol identique et avec les mêmes cépages, le vignoble de *Madame Laudet*, à Couillotte, près Cutxan, contenant 18 hectares, nous est apparu merveilleusement préservé du Black-Rot, au point que nous avons évalué à un dixième à peine la perte occasionnée à la récolte.

Ici les sulfatages n'ont pas été ménagés, les vignerons ont inondé les raisins de Bouillie Bordelaise, dans des conditions qui d'ailleurs, vous seront données dans quelques instants.

Toutes nos observations précédentes se trouvaient confirmées : marche et développement du cryptogame, époques de traitement. Nos conclusions étaient dès lors établies, notre opinion était faite.

Cependant nous poursuivîmes, et M. Garbage, à l'Enclos-Soye, près Eauze, nous réservait pour le lendemain matin de nouvelles constatations.

A Eauze

M. Garbage est un vigneron soucieux du progrès et qui veille avec soin sur ses vignes. Sa récolte est préservée, sauf par endroits.

L'an dernier sa vigne avait été fortement blackrotée ; lors de la taille, les sarments avaient été mis par bottes, en tas, dans les allées ; le vent d'ouest souffla pendant tout le printemps et, prenant sur ces sarments les spores du Black-Rot, les dispersa jusqu'à plus de 50 mètres au loin, où elles envahirent les grappes et les détruisirent presque entièrement.

Cela prouve naturellement le mode de propagation des spores du Black-Rot et démontre quel intérêt il y aurait à détruire sur place les sarments des vignes contaminées et à empêcher par tous les moyens l'introduction en Touraine, par exemple, des plants de provenance du Midi.

Non loin du Clos-Soye, la propriété d'Escagnan, appartenant à *M. Larieu*, conseiller à la Cour d'appel de Toulouse, ne pouvait manquer d'attirer notre attention.

L'opinion publique nous avait appris que M. Larieu avait

été victorieux du Black-Rot en 1895 et que, cette année encore, il n'avait pas à s'en plaindre. Il pouvait être important de savoir comment il avait procédé ; nous nous rendîmes à Escagnan.

Après un accueil des plus courtois, nous visitâmes les vignes qui avaient été traitées trois fois au sulfate de cuivre et une quatrième fois avec une addition de sulfate de fer. La vérité est que la récolte de M. Larieu est en parfait état et fait le plus grand honneur à Madame Larieu qui, très entendue, dirige les travaux avec une entière compétence.

A Bretagne

D'Eauze nous arrivâmes à Bretagne (Gers), et ce fut là notre dernière étape. Nous y rencontrâmes M. Matayron, propriétaire à Lartigue et régisseur de plusieurs domaines, dont la complaisance fut encore mise à contribution.

Grâce à lui nous pûmes confirmer bien des points encore indécis.

Le Black-Rot, chez lui, se manifesta le 16 juin sur les feuilles et le 10 juillet sur les raisins.

Les vignes de M. Bajol, un voisin de M. Matayron dont les récoltes sont endommagées d'environ moitié, et celles de Madame de Lartigue, au château de La Motte, par Gondrin, dont plusieurs hectares sont complètement préservés, nous permirent d'étudier les époques des traitements et de compléter notre enquête.

Il ne m'appartient pas d'entrer dans de plus grands détails techniques, nos collègues vont se charger de ce soin ; je veux seulement déclarer que notre voyage a eu pour résultats de préciser l'importance du fléau et de nous donner les moyens préventifs de le combattre.

Le Black-Rot est terrible dans ses ravages, c'est la vérité ; mais il est également vrai que les traitements au sulfate de cuivre et au soufre peuvent le combattre efficacement.

L'avenir des vignobles de Touraine

J'ai hâte, Messieurs, de céder la parole à mes collègues. Je termine en vous faisant part de quelques remarques d'ensemble sur ce que j'appelerai : *l'avenir des vignobles de Touraine*.

Pendant tout le cours de notre voyage, nous avons été frappés par le mauvais état des cultures de la vigne ; en Armagnac et dans la région, on en est encore au principe qui consiste à donner à la vigne deux façons par an, c'est ce qui explique l'envahissement du sol par des herbes de toutes sortes.

Presque partout, sauf de très rares exceptions, on se trouve en présence de vignes centenaires, que le phylloxéra commence seulement à attaquer. Dans le Gers et dans le Lot-et-Garonne, on n'y croit généralement pas ; il y a même des propriétaires qui plantent des cépages français non greffés.

L'apparition du Black-Rot n'a trouvé aucune organisation de défense pour lui barrer la route. Ces années dernières il a pu faire de nombreuses victimes, et cette année, il n'y a que les rares gens d'une intelligente initiative qui ont pu lui opposer quelque résistance, les autres semblent attendre un secours, une protection, qui ne viennent pas.

Il n'existe point de syndicats ; aucune société agricole ne vient tendre la main aux cultivateurs, aucune lumière n'est jetée sur eux, et cela est si vrai, que nous avons appris à de certains, dont les récoltes sont perdues, à reconnaître le Black-Rot au milieu des autres maladies cryptogamiques.

Dans ces conditions, vous ne serez pas surpris d'apprendre qu'il n'est presque pas question de reconstitution par les cépages américains. Non seulement on n'est pas suffisamment à l'œuvre, mais le courant n'est pas déterminé, l'élan n'est pas donné.

Infailliblement, le phylloxéra, à défaut du Black-Rot, verra la fin de ces vignobles qui sont, à l'heure actuelle, à l'aube de jours mauvais ; la reconstitution ne se faisant pas rapidement, il y aura un temps d'arrêt dans la production de ces pays si féconds pourtant, et, ceux qui, à cette époque, seront en état de récolter, pourront profiter d'une situation particulièrement avantageuse.

Qu'il me soit alors permis de songer à notre pays, à la Touraine, si bien portée vers la reconstitution ; souhaitons-lui de nouveaux progrès dans cette voie, si chèrement acquise, et nous pourrons encore croire qu'il y aura de beaux jours pour elle.

AUGUSTE CHAUVIGNÉ,
Secrétaire perpétuel
de la Société d'Agriculture d'Indre-et-Loire.

II

LE BLACK-ROT

NATURE. — CAUSES. — REMÈDES

PAR

M. Louis DUBOIS

Directeur du *Tourangeau*

Cette étude est le résultat d'observations personnelles commencées dans le Midi et poursuivies depuis sur de nombreux échantillons de feuilles et de raisins blackrotés.

Définition. — Le Black-Rot est une maladie due à l'invasion sur la vigne d'un champignon microscopique que les savants appellent *Guignardia Bidwellii* (1).

Il attaque toutes les parties vertes de la vigne, mais surtout la feuille et le raisin.

I. — Description de la Maladie

A. — Sur la feuille. — Le Black-Rot attaque le limbe et le pétiole de la feuille.

Sur le **Limbe** (face supérieure), il se manifeste, à l'œil nu, par de très petites taches disséminées çà et là en nombre plus ou moins grand.

(1) P. Viala et L. Ravaz (Société mycologique, avril 1892). — P. Viala, *Les Maladies de la Vigne*.

La tache, de *forme* ronde, de *couleur blanchâtre* (1), peut avoir le diamètre d'une gouttelette de rosée ; elle est entourée d'une auréole plus foncée.

Rapidement, cette petite tache blanchâtre s'élargit, sans toutefois atteindre plus d'un centimètre de diamètre (cas excessivement rare) ; elle ne dépasse pas généralement et n'atteint pas toujours 3 à 5 millimètres.

A première vue, certaines taches du Black-Rot paraissent pourtant beaucoup plus larges ; c'est qu'elles sont formées de plusieurs petites taches qui se sont rejointes — il est facile de s'en rendre compte.

En s'agrandissant, la tache change de *teinte* : blanchâtre au début, elle passe bientôt au jaune clair, pour prendre une teinte de plus en plus foncée de couleur feuille morte, qui va parfois jusqu'au rouge brun. Cette dernière coloration ne nous a paru se produire que dans les cépages à raisins rouges.

Sur la tache apparaissent alors, à la face supérieure de la feuille (2), tantôt clairsemés, tantôt nombreux, de petits points noirs ressemblant à de minuscules grains de poudre. Ce sont les *pustules* du Black-Rot, pustules caractéristiques (3), qu'on ne rencontre (avec la même forme et la même coloration) dans aucune autre maladie cryptogamique.

En examinant attentivement une tache de Black-Rot (sur la feuille) à son complet développement, on voit qu'elle est toujours, comme au début, formée de deux parties concentriques : la partie centrale plus décolorée, et la zône extérieure (ou auréole) plus foncée.

C'est à la limite de la partie centrale, et tout autour, que viennent se ranger symétriquement les pustules, — au moins dans la généralité des cas par nous observés.

(1) Cette couleur blanchâtre est plutôt une décoloration du *parenchyme* (tissu de la feuille compris entre les nervures).

(2) Lorsque l'invasion est intense, on voit parfois quelques pustules à la face inférieure.

(3) Sur la nature de ces pustules, voir au § « Les Causes du mal » et l'étude du docteur Boureau.

Le centre ou zône intérieure de la tache ne porte que très exceptionnellement des pustules : on en voit au contraire, en nombre plus ou moins grand, disséminées dans la zône extérieure et jusqu'aux bords extrêmes de la tache.

Souvent aussi il s'en groupe le long des nervures qui se trouvent à traverser la tache.

Un examen superficiel peut faire croire que ce que nous signalons comme règle générale n'est au contraire que l'exception. On voit en effet, souvent des taches, surtout les grandes, dans lesquelles les pustules semblent disséminées absolument sans symétrie.

Poursuivez votre examen, prenez au besoin une loupe, et vous verrez que presque toujours ces grandes taches sont formées de plusieurs petites (parfois très petites) qui se sont rejointes. Mais chaque petite tache a évolué séparément en conservant son centre autour duquel sont rangées les pustu les

Les taches de Black-Rot sont parfois très abondantes sur le limbe des feuilles ; nous en avons compté jusque 125 sur une feuille de Picquepoul (Folle-Blanche). Mais elles n'empêchent, qu'à de très rares exceptions près, la feuille de remplir ses fonctions.

Il n'y a du reste généralement d'atteintes qu'une petite partie des feuilles, et seulement les jeunes.

Le Black-Rot attaque aussi bien le pétiole de la feuille que le limbe, mais plus rarement.

Sur le **Pétiole** il se manifeste par de petites taches oblongues (en raison de la forme de cet organe), qui vont grandissant peu à peu comme celles du limbe.

Elles passent aussi par diverses phases de coloration, pour arriver au brun très foncé, presque noir. Légèrement creusées à ce moment, elles se couvrent de pustules analogues, comme aspect, à celles que l'on trouve sur le limbe.

La tache du pétiole ne prend pas de grandes dimensions ; elle n'atteint guère plus d'un centimètre de longueur, et n'envahit pas l'organe comme la tache du pédoncule de la grappe. — Sur une feuille cependant, nous avons vu le mal suivre les nervures, mais sans que la feuille parût en trop souffrir.

Tel que nous venons de le caractériser, le Black-Rot (sur la feuille) ne peut être confondu avec aucune autre maladie cryptogamique.

A la face inférieure de la tache de Black-Rot, on ne voit jamais de ces efflorescences blanchâtres qui caractérisent le *Mildiou*.

Dans cette dernière maladie, les taches sont de dimensions beaucoup plus grandes et déterminent souvent la mortification complète de la feuille.

Le Black-Rot aurait plus de rapport avec l'*Anthracnose maculée*; les taches (sur le feuille) sont, dans les deux maladies, à peu près de mêmes dimensions.

Mais les taches d'anthracnose, noires au début, prennent rapidement au centre une teinte feuille morte ; cette partie centrale tombe, et souvent la feuille se trouve alors criblée de petits trous entourés d'une auréole noire (1).

Sur le pétiole de la feuille, l'attaque de l'anthracnose est aussi beaucoup plus énergique : l'anthracnose creuse et désorganise plus profondément la partie atteinte.

Enfin, ni dans le mildiou, ni dans l'anthracnose ni dans aucune autre maladie, l'on ne voit sur les taches les pustules caractéristiques du Black-Rot telles que nous les avons décrites.

⁂

En résumé, le Black-Rot serait peu redoutable s'il ne s'attaquait qu'aux feuilles de la vigne. Mais il s'attaque encore — et surtout — au raisin, où il peut, nous le verrons, occasionner des désastres.

C'est pourquoi le Black-Rot des feuilles doit préoccuper le vigneron. Ses pustules contiennent en effet des semences (spores) qui se répandront plus tard sur les raisins.

(1) V. P. Viala, Les Maladies de la Vigne.

A un autre point de vue, il est très utile au vigneron de rechercher et de pouvoir — dès le début de son apparition — reconnaître le Black-Rot sur les feuilles. — Le Black-Rot paraît en effet sur les feuilles plus tôt que sur les raisins (15 jours à un mois); et c'est un avertissement d'avoir à s'armer contre l'ennemi, pour sulfater au plus tôt les raisins et les prémunir contre l'invasion.

*
* *

Notre **planche en couleurs** présente sur les feuilles des taches de Black-Rot arrivées, la plupart, à leur dernière période d'évolution. — Elles sont très bien rendues ; mais on n'aperçoit pas les pustules : celles ci se voient déjà difficilement, à l'œil nu, en grandeur naturelle ; et la photographie ayant réduit les dimensions des feuilles, les pustules ont complètement disparu au tirage.

A côté des tâches de Black-Rot, on voit d'autres tâches bleu lavé en grand nombre : ce sont des tâches de bouillie bordelaise.

B. — Sur la grappe. — Le Black Rot attaque toutes les parties de la grappe : grains, pédicelles et pédoncule.

Sur le **Grain**, le Black Rot manifeste d'abord sa présence, comme sur la feuille, par une petite tache blanche qui paraît suivre une évolution analogue à celle de la feuille, mais dans laquelle le grain passant du jaune lavé au brun livide, est, pour peu que les circonstances soient favorables, rapidement envahi en son entier.

La peau durcit, à tel point que l'ongle peut difficilement la pénétrer, se flétrit, se ratatine, sans jamais se fendre, prenant au fur et à mesure une teinte de plus en plus foncée.

A la dernière période de la maladie, le grain a l'aspect d'un pruneau sec, noir, à reflets bleuâtres ; peau rugueuse, sèche, noire, collée aux pépins.

En l'examinant de près, on le voit couvert de pustules noires, analogues, du moins en apparence, à celles de la feuille, mais plus grosses et beaucoup plus nombreuses, généralement pressées l'une contre l'autre de manière à recouvrir toute la surface du grain.

Sur les grains les plus avancés, les pustules présentent à leur sommet un petit point blanc, gros comme la pointe d'une épingle. A la loupe, ces points blancs ont assez l'aspect du *blanc* des pruneaux.

Le mal n'attaque pas les grains de raisin tous de la même façon ; dans son développement, il ne suit pas toujours non plus la marche que nous venons d'indiquer.

Dans beaucoup de cas — peut-être dans le plus grand nombre — le Black-Rot paraît attaquer le grain par son point d'attache avec le pédicelle, pour l'envahir progressivement, avec plus ou moins de rapidité, sans qu'aucune tache apparaisse à la surface (1).

Effets du Black-Rot

Nous avons vu que sur la feuille, le mal, circonscrit à de simples taches, n'envahit jamais l'organe tout entier.

Sur la **grappe**, sur certaines grappes, on trouve bien aussi des grains où le mal se réduit à une tache, plus ou moins étendue, plus ou moins déprimée, avec ou sans pustules.

Mais ordinairement le grain atteint est entièrement et rapidement envahi.

Et, dans les invasions intenses, tous les grains d'une même grappe ou presque tous sont atteints ; non pas simultanément, mais le mal se propage des uns aux autres avec une rapidité foudroyante.

La grappe alors paraît envahie de tous côtés et par tous ses organes à la fois : les grains flétrissent et se dessèchent ; les pédicelles, le pédoncule et ses ramifications perdent la teinte verte pour passer au brun foncé, ils deviennent rigides et cassants. Parfois même, le pédoncule casse et la grappe black-rotée tombe à terre.

En général, la grappe n'est pas ainsi envahie tout entière ,

(1) Pour l'explication de ce phénomène, voir plus loin le § « Les Causes du mal » et l'étude du docteur BOUREAU.

elle conserve sains et intacts une partie de ses grains : un dixième, un quart, la moitié, les trois quarts, ou plus, — cela dépend.

Et l'on peut voir, en même temps, sur une même grappe, à côté de grains sains et de parties saines :

Des grains complètement blackrotés, secs, couverts de pustules ;

des grains complètement envahis, en voie de se dessécher, se couvrant déjà de pustules en certaines parties, d'autres parties n'en portant pas encore ;

des grains envahis, jaune-livide, bruns, rouge-brun, etc., mais encore à pleine peau, leur forme entière ;

des grains seulement tachés ;

des grains complètement flétris et desséchés, mais à coloration de raisin de Corinthe, sans pustules, sans trace de Black-Rot ;

des grains simplement flétris, encore verts, sans pustules, sans trace de Black-Rot ; certains commençant à être envahis du côté de leur pédicelle (1).

Je ne parle pas des autres maladies qui peuvent en même temps se trouver sur la grappe blackrotée.

Nous venons de voir que, à de rares exceptions près, les grains d'une même grappe ne sont pas tous atteints, et que les grains atteints ne le sont pas tous au même degré.

On peut en dire autant pour les grappes d'un même **cep**.

Nous avons bien vu des ceps entièrement envahis, ne contenant plus une seule grappe saine, plus même un seul grain (2); mais ce cas constitue heureusement une exception.

Il est rare de voir atteintes toutes les grappes d'un même cep ; et toutes les grappes atteintes ne le sont pas au même degré.

Dans un même **vignoble**, il est aussi rare de voir toute la récolte détruite, toutes les parties également éprouvées,

(1) Voir la **planche en couleurs** : sur les grappes qu'elle reproduit on trouve presque tous ces cas.

(2) Notamment chez M. Garens à Cutxan, commune de Cazaubon (Gers).

tous les ceps également atteints. — Certains ceps conservent parfois une bonne partie de leur récolte à côté d'autres ceps beaucoup plus éprouvés; telle partie de vignoble est ravagée, telle autre presque indemme.

Le même phénomène s'observe entre vignobles voisins, traités, dit-on, de la même façon.

Tous ces faits, en apparence contradictoires, sont de nature à troubler beaucoup de gens, à déconcerter plus d'un observateur. Nous pensons arriver à les expliquer.

II. — Conditions générales favorables au Black-Rot

Il est reconnu de tous, savants et praticiens, que les grandes invasions de Black-Rot, se produisent dans des *conditions atmosphériques spéciales* affectant deux phases distinctes et consécutives :

1° Pluies abondantes, qui saturent le sol d'humidité, tout en le refroidissant.

2° Temps de soleil ardent et de brouillards intenses, ceux-ci dus à la condensation de la vapeur d'eau dégagée par la chaleur solaire.

De même pour se propager, le mal paraît exiger un degré assez élevé de *chaleur* et d'*humidité*.

Voici quelques autres remarques intéressantes, de nature à nous éclairer.

— Presque toujours le dessous des grappes, surtout quand il est protégé par les feuilles, est moins malade, ou, en tout cas, envahi plus tard que la partie supérieure exposée à l'air et au soleil.

— Les vignes situées dans le fond des vallées, au bas des coteaux, sont généralement plus fortement envahies que les vignes situées plus haut.

— L'exposition est, sud-est, midi, nous a également paru plus mauvaise que l'exposition opposée.

— Les vignes bien recouvertes de leurs pampres semblent avoir été au moins partiellement protégées ; les vignes largement aérées, bien baignées d'air et de soleil sont, toutes choses égales d'ailleurs, bien plus atteintes.

— Les vieilles vignes paraissent présenter une résistance plus grande que les jeunes.

— Certains cépages paraissent, dans des conditions identiques, plus susceptibles que d'autres.

III. — Les causes du mal

A. — Le Champignon du Black Rot. — La cause immédiate et première du mal est un champignon microscopique que les savants appellent, nous l'avons déjà dit, *Guignardia Bidwellii*.

Ce champignon, comme tous les champignons, comme tous les végétaux, possède des organes distincts de végétation et de reproduction.

Les organes de végétation portent le nom de *mycelium*.

Les organes de reproduction portent le nom de *conceptacles*. — Les conceptacles contiennent les graines ou *spores* du champignon (1).

Les pustules que nous avons observées sur les feuilles et sur les raisins blackrotés ne sont autre chose que les conceptacles du champignon du Black Rot.

Les conceptacles portent à leur sommet une ouverture microscopique appelée *ostiole*, marquée, sur les grains avancés, par un petit point blanc. Ce sont ces points blancs que nous comparions plus haut au blanc des pruneaux.

A maturité, l'ostiole s'entrouvre pour laisser échapper les spores, qui, portées par le vent, l'air, l'eau, s'en vont partout disséminer la maladie.

B. — Dissémination de la maladie par les spores. — Mais comment, dans quelles conditions les spores attaquent-elles les organes de la vigne ?

M. le docteur Boureau, dans l'étude qui suit la nôtre, éta-

(1) Pour plus de détails, voir P. Viala, *les Maladies de la Vigne*, et ci-après l'étude de M. le docteur Boureau.

blit que les spores du champignon ne peuvent attaquer les organes de la vigne qu'autant que ceux-ci ont préalablement subi une lésion qui permet à la spore de s'y introduire pour, en quelque sorte, prendre racine.

En fait, à l'époque des invasions, les lésions doivent être très nombreuses, car très nombreuses sont les taches observées sur les feuilles et sur les grains.

Comment ont pu être déterminées ces lésions ? — Question de la plus haute importance et que nous nous sommes tout spécialement attaché à résoudre.

Une Hypothèse

Sans relater toutes les observations et expériences que nous avons faites dans cet ordre d'idées, nous formulerons immédiatement l'hypothèse suivante qui paraît en être la conclusion :

Les lésions nécessaires à la pénétration de l'embryon végétatif des spores dans les tissus de la feuille et du grain, doivent être en grande partie déterminées par l'action du soleil, favorisée par la présence sur ces organes de gouttelettes d'eau condensée.

La gouttelette d'eau, en concentrant à la façon d'une loupe les rayons solaires, détermine, sous forme de brûlure, des lésions favorables à l'envahissement par les spores.

Ajoutons que l'eau condensée en gouttelettes, paraît remplir deux autres rôles importants : elle fixe sur la feuille, sur le grain, les spores en suspension dans l'air ou déjà disséminées sur ces organes ; elle fournit l'élément humide, nécessaire, avec la chaleur, à leur germination.

Voici rapidement énumérés une série de faits et d'observations qui semblent concourir à la vérification de notre hypothèse :

a) Feuilles

1° La *forme* des taches de Black-Rot sur la feuille affecte absolument la forme de brûlures généralement circulaires déterminées par l'action combinée du soleil et de la gouttelette ;

2° La *couleur* de la tache blackrotée, dans les premières phases, est exactement la même que la couleur des brûlures.

3° Pour nous rendre compte expérimentalement de ces deux faits, nous avons, en septembre dernier, pulvérisé sur des feuilles de vigne de l'eau en gouttelettes. Le soleil n'étant pas assez ardent, nous avons concentré à l'aide d'une loupe ses rayons sur les gouttelettes. Nous avons retiré la loupe avant que les brûlures, que nous soupçonnions faites, ne fussent apparentes.

Mais elles ont bientôt apparu sur le parenchyme, affectant la forme des gouttelettes et se circonscrivant généralement à celles-ci, bien que le champ de la loupe fut de beaucoup plus étendu.

Quand les gouttelettes étaient groupées en grand nombre les unes près des autres, la brûlure affectait la forme des grandes taches confluentes de Black-Rot, dans lesquelles chaque petite tache se distingue cependant très bien.

4° Il nous a semblé que les feuilles blackrotées portent souvent des brûlures de formes analogues aux taches de Black-Rot, mais qui ne sont pas envahies par la maladie.

5° Les feuilles blackrotées sont souvent couvertes de bouillie bordelaise, ce qui prouve qu'elles étaient bien exposées à l'air, par conséquent au soleil (1).

6° Nous avons vu plus haut que dans la tache blackrotée, les pustules se trouvent symétriquement disposées autour d'un centre. Cette disposition ne répondrait-elle pas à ce fait, que les spores véhiculées par la gouttelette, ou attirées par elle, ou glissant à sa surface, se sont déposées ou fixées en rond autour de sa base? Chaque pustule, qui est un fruit, ne correspondrait-elle pas à une spore ayant pris racine au même point?

b) Raisins

1° Sur les raisins, nous n'avons pas fait les mêmes expériences que ci-dessus pour les feuilles: nous nous sommes

(1) Il ne faudrait pas conclure de cette constatation que la bouillie bordelaise est inefficace contre la maladie : il s'agit en l'espèce de bouillie répandue alors que le mal était fait.

borné à déterminer sur un grain de raisin une brûlure sèche au moyen d'une loupe. Cette brûlure avait tout à fait l'aspect d'une tache de Black-Rot à la première phase de son évolution.

2° Les grappes soustraites aux rayons du soleil, particulièrement celles de la partie du cep qui regarde le nord-nord-ouest, sont bien moins atteintes que les grappes de la partie opposées ; souvent même elles ne le sont pas (1).

Une atmosphère chaude et humide suffit sans doute pour la germination de la spore ; mais pour la pénétration de son germe dans l'épiderme du grain cela ne paraît pas suffisant : il faut une lésion de l'épiderme. Autrement, on ne s'expliquerait pas que les raisins du dessus fussent plus atteints que ceux du dessous. Vraisemblablement ceux-ci devraient l'être davantage, les spores venant surtout des feuilles et raisins blackrotés de l'année précédente tombés sur le sol.

Comme on le voit, notre hypothèse paraît assez bien se justifier. Nous ne prétendons pas, cependant, qu'elle soit suffisamment vérifiée par nos observations : celles-ci ne sont pas encore, à notre avis, assez complètes ni assez précises.

A plus forte raison, ne prétendons-nous pas que ces lésions soient les seules qui puissent atteindre les feuilles et les grains : une violente poussée de sève peut faire éclater l'épiderme, qui protège le grain ; le frottement dû au vent ou à toute autre cause, la grêle, etc., peuvent aussi déterminer des lésions sur le grain et même sur la feuille.

C. — Propagation par le mycelium. — Si le Black-Rot attaque la Vigne par les spores du champignon, le mal paraît surtout se propager par le mycelium (2).

Nous avons vu que les grains sans présenter de taches, se trouvent souvent envahis par leur point d'attache avec le pédicelle ; un pédicelle malade donne de même le Black-Rot

(1) M. Bedout, château de la Plaine, à Cazaubon, ayant sur certains ceps de Folle blanche relevé les pampres de manière à recouvrir complètement les raisins, ceux-ci ont été épargnés à côté d'autres ceps fortement envahis. — M. Lascourége, beau-père de M. Bedout, château de Jouanin, ayant mis sur fil de fer quelques rangs de vignes, ces rangs ont été beaucoup plus atteints que les voisins.

(2) Voir l'étude du docteur Boureau.

aux pédicelles voisins qui le communiquent aux autres grains.

D'un pédicelle, le mal passe souvent au pédoncule lui-même qui se dessèche et noircit.

La sève cesse alors de circuler, tantôt dans la rafle tout entière, tantôt seulement dans une ou plusieurs ramifications du pédoncule.

C'est ce qui explique ces phénomènes, par nous observés, de parties de grappes ou de grains isolés, flétris en vert, desséchés, grillés, sur lesquels il n'y a pas encore trace de maladie.

Ce ne sont plus les spores ou semences du champignon qui agissent ici ; c'est le mycélium qui, rampant sous l'épiderme du grain et de la rafle, se propage avec une rapidité souvent foudroyante.

IV. — Remèdes

Il n'y a point de remède connu capable d'arrêter le Black-Rot dans son évolution sur les feuilles ou sur les grappes déjà atteintes par la maladie. — On ne peut plus compter dans ce cas que sur la disparition de l'humidité et sur un abaissement de température.

Toutes les mesures à prendre, tous les traitements à appliquer doivent donc être **préventifs.**

A. — MESURES PRÉVENTIVES. — Voici quelques mesures préventives dont l'adoption nous paraît découler naturellement de l'étude de la maladie :

1° Ne pas introduire chez soi de plants, bois, etc., à provenance de contrées et particulièrement de vignobles contaminés.

C'est par l'introduction de bois américains en France que le mal nous serait venu d'Amérique (1).

2° Ne pas planter en vignes les endroits bas et humides, mal aérés, où se tiennent de préférence les brouillards d'été.

3° S'abstenir le plus possible de planter certains cépages

(1) P. VIALA, *Les Maladies de la Vigne.*

particulièrement susceptibles à la maladie, tels que *Bouchalès*, *Petit-Bouschet*, *Jurançon*, etc.

4° *Protéger autant que possible ses vignes, en particulier les raisins, contre le soleil, surtout du côté de l'est-sud-est.*

Au lieu de bien exposer les raisins sur fil de fer, ou autrement, comme on l'a conseillé, faire au contraire en sorte que les pampres les recouvrent complètement.

Cette mesure nous paraît la plus importante de toutes dans les pays contaminés.

5° Faire disparaître du vignoble, *dans toute la mesure du possible*, les causes de dissémination intense de la maladie : grappes, feuilles et autres organes blackrotés, bois de taille, etc.

Les foyers les plus dangereux sont formés par les grappes et feuilles blackrotées qu'on laisse sur le sol après vendanges.

B. — Traitements. — Dans le Midi — tout au moins dans le Gers, que nous avons particulièrement visité — les traitements contre le Black-Rot ont été faits au milieu d'un désarroi complet.

On a essayé de tout, à toutes doses, bouillies, poudres, etc., etc., sans aucune méthode, sans se rendre compte des meilleures époques.

Nous avons vu des propriétaires qui ayant très bien réussi dans leurs traitements l'an dernier, se sont laissé entraîner par des conseils, parfois intéressés, à procéder de façon différente : cette année ils ont eu à le regretter.

D'une façon générale, on peut dire que les poudres n'ont produit aucun effet appréciable ; le soufre seul paraît avoir agi dans une certaine mesure.

De tous les traitements, le plus *économique*, le plus *pratique*, et l'on peut ajouter le plus *efficace* est le traitement à la *Bouillie bordelaise*. On nous a dit que les traitements faits avec bouillie légèrement acide produisaient les meilleurs résultats ; nous ne l'avons pas suffisamment contrôlé.

Ce qu'il y a de certain, c'est que souvent, dans le Gers, les vignerons ne savent même pas préparer leur bouillie. — Nous n'avons pas à donner ici le mode de préparation : on le trouve partout.

Observation capitale

Pour sauver la récolte en cas d'invasion de Black-Rot, il ne suffit pas de couvrir le cep de bouillie : *il faut surtout en couvrir les raisins.*

Nous avons vu des vignobles très bien traités contre le mildiou, ayant conservé intactes toutes leurs feuilles ; mais dont tous les raisins étaient blackrotés, anéantis : on n'avait pas songé à sulfater les raisins !

Nous ne parlerons pas davantage des traitements : M. Alex. Renou doit traiter plus loin cette question au point de vue pratique, et en praticien.

Notre conclusion est que le Black-Rot fait ou peut faire d'énormes ravages ; mais, par contre, qu'on peut *efficacement* et *pratiquement* le combattre.

Louis DUBOIS,
Directeur du *Tourangeau*.

III

MOYENS DE PRÉSERVATION

ET

TRAITEMENT DU BLACK-ROT

RAPPORT DE M. ALEXANDRE RENOU

PROPRIÉTAIRE-VITICULTEUR
AUX SORBIERS PAR PERRUSSON (Indre-et-Loire)

MESSIEURS,

Ma tâche m'est rendue singulièrement difficile par l'exposé à la fois si clair, si intéressant et si instructif, que nous venons d'entendre et qui a trait au nouveau fléau, dont notre viticulture tourangelle est menacée.

MM. Chauvigné et Dubois, mes doctes amis, dans un langage que vous appréciez, vous ont fait connaître le but poursuivi par la délégation dont j'ai eu l'honneur de faire partie et les résultats qui peuvent en être la conséquence.

Mon rôle se borne donc à appuyer leurs judicieuses conclusions (tous compliments trop flatteurs à mon endroit réservés), et à vous demander au nom de nos intérêts très respectables, de ne point perdre de vue le trop réel péril que nous courons. Péril, que nous courons tous, Messieurs, pépiniéristes aussi bien que propriétaires.

Pour qui a vu de près le Black-Rot, cette lèpre hideuse, qui déshonore les vignes du Midi, l'hésitation n'est pas possible. Si noire qu'on vous en fasse la peinture, celui qui l'entreprendra restera toujours en dessous de la réalité. Avec lui toutes espérances sont déçues, tout projet en vue de jours meilleurs est vain; c'est le découragement inévitable et, conséquemment, la ruine à brève échéance, si l'on ne prend les résolutions viriles que commande un semblable état de choses.

Ces résolutions, Messieurs, sont de deux ordres :

D'une part, la *prohibition* ;

D'autre part, les *traitements*.

Prohibition des plants et bois du Midi

La prohibition, nous ne la pouvons complète, et c'est là qu'est le péril immédiat. Mais, étant donnés les intérêts en jeu, je ne puis douter un seul instant que Messieurs les pépiniéristes, qui ont fondé leurs établissements en vue d'un long avenir, ne s'entourent de précautions capables de le leur assurer.

Or, je vous le demande, Messieurs, quel serait le planteur imprudent, où trouverait-on l'homme osé qui voudrait continuer ses plantations si le Black-Rot était reconnu chez nous?

Ravaz, autorité incontestable, nous a écrit que les porte-greffes américains, Riparia aussi bien que Rupestris, sont indemnes de Black-Rot. Soit! nous ne pouvons qu'y souscrire, mais il n'est point d'autorité possible qui puisse vous affirmer que les dits porte-greffes ne peuvent en être souillés.

Comment admettre, en effet, que les spores du dangereux champignon, véhiculés qu'ils sont par le moindre vent favorable, comment admettre, dis-je, qu'ils épargnent les uns, pour se fixer sur les autres?

Cette hypothèse, Messieurs, ne tient pas debout; conséquemment, tout bois de taille à provenance de pays contaminés, porte fatalement la semence sur lui.

Donc, un remède, un désinfectant s'impose ; mais lequel nous demanderez-vous?

Ici, Messieurs, nous sommes embarrassés. Voici toutefois ce que disent nos notes :

Tous traitements faits aux bouillies quelque peu acides ont donné de bons résultats et n'ont eu d'effets fâcheux que sur les parties les plus tendres de la vigne qui ont été quelquefois brûlées ; mais comme nous travaillons sur des bois secs en plein repos de sève, une solution *absolument* acide à 5, voire même à 10 0/0 de sulfate de cuivre serait peut être un désinfectant suffisant, soit que vous l'employiez en badigeonnage, soit que, plus simplement ou plus économiquement, vous fassiez séjourner un instant vos plants dans la dite dissolution.

Mais, nous n'osons affirmer l'efficacité du remède, ne l'ayant point expérimenté. Le mieux serait donc de ne pas importer de bois des pays contaminés (1).

Quant aux greffes, nous ne voyons rien d'autre à conseiller que la prohibition absolue.

Ne vous récriez pas, Messieurs, en présence de ce nouveau tribut, et acceptez que nous ne puissions croire à ce semblant de défaillance : vous avez fait plus fort en créant vos beaux, vos si utiles, j'allais dire vos si patriotiques établissements.

Les traitements contre le Black-Rot

En ce qui concerne les traitements sur vignes en pleine végétation — et je m'adresse ici aux propriétaires mes collègues en viticulture dont le sort m'intéresse à un si haut degré — en ce qui concerne, dis-je, les traitements à suivre, mes infatigables et si dévoués collègues, M. Chauvigné et M. Dubois, dans leurs remarquables rapports nous les ayant fait connaître, je ne ferai que vous les rappeler très succinctement pour ne pas abuser plus longtemps de votre si bienveillante attention.

(1) Ce désinfectant, consciencieusement appliqué pourrait très probablement détruire les spores à l'état libre; mais il serait en tous cas absolument insuffisant contre les pustules qui contiennent et protègent ces mêmes spores non encore libres.

1er SULFATAGE (Pour 100 litres d'eau) :

2 kil. sulfate de cuivre,
1 kil. chaux,

dès que les mannes se sont montrées.

2e SULFATAGE :

3 kil. sulfate de cuivre,
1 kil. 500 chaux,

dans les premiers jours de juin, par conséquent avant la fleur.

3e SULFATAGE, à la bouillie sucrée :

3 kil. sulfate de cuivre,
1 kil. 500 chaux,
1 kil. mélasse.

au moment où la fleur passe, c'est-à-dire au moment où le capuchon du grain vient de tomber.

4e SULFATAGE, comme le précédent, fin juillet ou commencement d'août.

Ce quatrième traitement ne s'impose que si l'on a des craintes, si le temps est brumeux et chaud. Mais il ne doit en aucune façon être négligé si les feuilles des sommités des sarments portent des taches de Black-Rot.

Le troisième et le quatrième sulfatages doivent être pour plus de sûreté accompagnés d'un SOUFRAGE au soufre *sublimé*, l'opérateur suivant le sulfateur pour que le soufre rencontre sur le raisin assez d'humidité pour s'y fixer : *ceci est de la plus haute importance.*

Pour toutes ces façons ne jamais perdre de vue qu'elles ont surtout pour but de protéger les raisins ; que ceux-ci, par conséquent, doivent être *inondés* de bouillie aussi bien que couverts de soufre ; le soufre dans tous les cas agissant comme tonifiant, antiseptique et aussi comme corps isolant (1).

Ce sont là, Messieurs, les sacrifices que nous devons désormais nous imposer puisque les circonstances le *commandent*.

(1) La formule des traitements que nous venons de donner est à très peu de chose près celle que recommande *(postérieurement à notre conférence)* M. Couderc dans le *Progrès agricole et viticole* du 13 septembre 1896.

C'est lourd, j'en conviens, c'est coûteux ; mais la réussite est à ce prix.

Ce sont de nouveaux efforts, de nouveaux travaux à faire pour vaincre. D'ailleurs, Messieurs, en quoi n'en faut-il pas faire ?... Le commerçant n'a-t-il pas ses déboires, l'industriel ses déceptions ? et quels combats l'homme inoccupé n'a-t-il pas à livrer pour se soustraire à l'ennui, j'allais dire à la misère ravalante dans laquelle le plonge l'oisiveté !

Au moins nous autres, travailleurs des champs, notre mission réparatrice et toute de labeur nous assure, à n'en pas douter, des jours meilleurs qu'à celui là.

Protégeons donc nos vignes, couvrons nos raisins du manteau protecteur.

Voulez-nous, Messieurs, me permettre en terminant une légère digression.

L'histoire, la vieille histoire nous dit que nos pères, (des preux ceux-là !) peu enclins aux caprices de la mode, allaient à l'ennemi casque en tête mais dépourvus de tout vêtement et qu'ils durent à cette fâcheuse négligence d'avoir été vaincus par les Romains.

Nos descendants raconteront, sans aucun doute, que nos vignes reconstituées, expansives, vigoureuses, portant haut la tête, et victorieuses d'un monstrueux ennemi, le phylloxéra, le furent aussi du Black-Rot, grâce à leur vaillance, mais aussi parce qu'elles avaient été armées en guerre, cuirassées de cuivre et couvertes du manteau de soufre qui assure la victoire.

ALEX. RENOU,
Propriétaire-viticulteur,
Membre de la Société d'Agriculture
d'Indre-et-Loire.

IV

NOTES SUR LE BLACK-ROT

Étude microscopique et Culture artificielle

PAR

M. LE DOCTEUR R. BOUREAU

M. le docteur R. Boureau, de Tours, qui possède un Laboratoire des mieux organisés et qui s'est acquis, par ses travaux bactériologiques, une juste réputation, a fait sur le Black-Rot de très intéressantes recherches microscopiques, complétées par des expériences de culture artificielle.

A la réunion du 5 septembre, il fut invité par le Président de la Société d'Agriculture à vouloir bien faire connaître les résultats de ses travaux. — La note suivante résume sa communication.

I. — Aspect de la maladie (sur le grain)

ASPECT MACROGRAPHIQUE. — L'aspect de la maladie varie suivant l'âge du parasite.

Sur les raisins que nous a adressés M. Lansigu, nous avons pu constater qu'à côté de grains intacts, on trouvait des grains jaune-brun encore fermes non flétris, d'autres marron, ridés, beaucoup complètement noirs, desséchés, présentant absolument l'aspect de grains grillés.

Examen microscopique. — Sur une préparation microscopique de l'épiderme d'un grain encore ferme, on constate que les cellules cellulosiques sont dissociées par un réseau de filaments noueux, de calibre très variable, entremêlés, s'anastomosant entre eux.

Ces filaments sont transparents. De distance en distance, ils contiennent des cloisons qui les divisent en longues loges. Ils semblent ne pas posséder de coloration propre.

Les grains absolument noirs ont la surface verruqueuse. Sous le microscope, on constate au milieu du réseau serré de tubes ramifiés, des loges rondes (conceptacles) remplies de petits corps ovoïdes.

Ces mêmes grains noirs ont, à certains endroits, un duvet jaunâtre qui est constitué par ces corps ovoïdes libres sur la surface du grain.

Les filaments constituent le *mycélium* du champignon.

Les petits corps ovoïdes sont les *spores*, organes de reproduction, contenus d'abord dans les conceptacles, plus tard libres, et prêts à se développer sur un terrain favorable.

II. — Culture artificielle

Nous avons pensé qu'il y avait lieu de ne pas se borner comme on l'a fait presque exclusivement jusqu'ici, à l'étude purement microscopique du parasite ; mais qu'on devait essayer d'en obtenir des cultures artificielles qui permettraient de le suivre pendant tout le cours de son développement.

Cette méthode, qui a été si féconde en résultats pour les parasites humains, permettrait de connaître la physiologie du Black-Rot, ses lois de végétabilité, son mode d'envahissement, d'étudier sa résistance aux différents agents.

Des grains ayant encore des conceptacles fermés ont subi plusieurs lavages à l'eau stérilisée. Ils ont été ensuite disposés dans plusieurs tubes à culture contenant un ou deux centimètres cubes de liquide de Raulin, liquide de composition très complexe, employé pour la culture des moisissures et en particulier de l'*aspergillus niger*.

Ils ont été déposés à l'étuve à 30° : moins de 24 heures après, on constatait que les saillies étaient devenues très accentuées ; au bout de 48 heures, le liquide contenait, à sa surface, des filaments de mycelium.

Des parcelles de ce filament, ensemencées sur divers milieux, ont donné, au bout de 2 à 3 jours dans le liquide de Raulin, une culture blanchâtre, ayant en bloc l'aspect d'un morceau de ouate nageant sur le liquide. — De fines arborescences plongeaient à une très légère profondeur, d'autres grimpaient le long des parois et leur donnaient à la loupe l'aspect de vitres couvertes de givre.

Le fond du tube ne contenait aucune production. La culture était toute en surface.

C'est donc là un champignon essentiellement aérobie.

Nous avons du reste prélevé *aseptiquement* des ensemencements dans l'intérieur de grains contaminés. — Ces ensemencements sont restés stériles.

Le champignon envahit donc les couches de l'épiderme, absorbe le liquide du grain et tue celui-ci non pas par désorganisation mais par *dessication*.

III. — Inoculation

Pour m'assurer que j'avais bien en culture le champignon du Black Rot, une grappe de raisin de treille vert encore, attachée à son sarment, garnie de deux feuilles, a été lavée à l'eau stérilisée.

L'extrémité du sarment a été plongée dans un verre d'eau stérilisée.

Sur un grain de cette grappe a été déposée, en piquant légèrement avec un fil de platine stérilisé, une parcelle d'une des cultures en tubes.

Le tout, recouvert d'une cloche, a été porté à l'étuve à 30° ; la grappe se trouvait donc à la fois dans une atmosphère chaude et humide.

Vingt-quatre heures après, le grain touché présente une tache rouge brun qui se développe très rapidement ; — 48 heures après, le grain, complètement jaune, commence à se flétrir.

En outre, des préparations microscopiques prises sur ce grain nous donnent le même aspect caractéristique du mycélium trouvé sur les grains provenant du Midi.

Nous sommes donc bien en présence du parasite, puisque à l'aide de ses cultures nous avons pu réussir une inoculation et reproduire la maladie.

IV. — Marche de la maladie

Pendant les jours qui suivent, on constate que le parasite envahit le pédicelle du grain inoculé, suit une marche ascendante, gagne le pédoncule principal, et, en descendant sur leurs pédicelles, atteint les grains voisins, sans que ceux-ci aient été contaminés par leur contact avec le grain malade.

C'est là un fait intéressant.

Les premiers observateurs ont prétendu que le Black-Rot ne se trouvait qu'exceptionnellement sur les pédoncules et les pédicelles, tandis que nous constatons qu'au contraire ces organes sont une voie de propagation par continuité.

Ce fait n'a rien d'étonnant. Le champignon, qui au début n'est constitué que par son mycelium, ne peut envahir que par continuité, en rampant dans les couches épidermiques.

Le grain voisin, en contact avec le grain contaminé, est défendu par son épiderme. *Il ne peut être atteint que si cet épiderme est entamé.*

Plus tard, quand les organes de fructification se seront développés, lorsque les spores libres pourront, sous l'influence de l'air, se déplacer, elles germeront sur les grains et profiteront des plus petites lésions pour envahir les grains directement.

Ceci nous explique pourquoi, sur une grappe, on constate des grains intacts à côté de grains très altérés, pourquoi tout grain touché est immédiatement envahi en son entier.

Des observateurs ont remarqué que parfois les grains se détachent avant d'être atteints. Les faits signalés plus haut en donnent la raison. Le pédicelle de ces grains a été envahi par continuité, s'est flétri et s'est rompu avant que le grain ait eu le temps d'être contaminé.

V. — Conditions et mode de propagation

Pour bien comprendre le mode de propagation du Black-Rot, il est nécessaire de connaître la structure de l'épiderme d'un grain de raisin.

On trouve de l'extérieur à l'intérieur :

1° Un duvet formé de particules cireuses ;

2° La cuticule ;

3° La couche cutifère ;

4° Couche de cellules cellulosiques.

Le Black-Rot, contrairement à d'autres maladies cryptogamiques, se propage sous la cuticule du grain.

Lorsqu'un grain de raisin est atteint de Black-Rot, le sulfate de cuivre n'a donc plus d'action sur lui, le mycelium du champignon est protégé par la cuticule du grain. Cette seule constatation suffit à établir les difficultés que nous aurons à combattre la maladie.

La résistance à l'envahissement direct d'un grain non encore atteint est due à la résistance de sa cuticule. Si la cuticule est lésée en un point quelconque, c'est une ouverture ouverte aux spores du champignon et au développement du mycelium.

La cuticule peut être lésée par une cause quelconque, soit par une poussée de sève qui peut faire éclater le grain, soit par toute autre cause.

Chaque fois que nous avons ramené la température de l'étuve à 20°, après avoir noté l'état des lésions, nous avons constaté que le développement du champignon s'était subitement arrêté.

Sa marche reprenait lorsqu'on élevait la température à 30°.

A cette température, l'envahissement du grain et des pédicelles par la maladie est très rapide : en une nuit, la longueur envahie a atteint 3 et 4 centimètres de longueur.

La *chaleur* est donc une condition essentielle à la propagation du fléau.

Pour nous rendre compte de l'influence de l'*humidité*, nous avons déposé sous la cloche une soucoupe pleine de chlorure de calcium, sel qui a la propriété d'absorber l'humidité. Malgré le maintien de la température à 30°, le développement du Black-Rot s'arrêtait.

Résumé. — En résumé, je crois que le Black-Rot se propage de deux façons :

1° Par envahissement progressif de son mycélium : envahissement *par continuité*.

2° Par dissémination de ses spores : envahissement *à distance*.

Le premier mode est antérieur à l'autre, en ce sens que le Black-Rot suit sa marche par son mycélium avant d'avoir fructifié et avant d'avoir pu répandre au loin des spores.

C'est cette première marche qui, après avoir atteint un grain, remonte le long du pédicelle; gagne le pédoncule, redescend le long du pédicelle pour venir attaquer, par son attache, le grain.

La voie de propagation par les spores est plus tardive, elle se fait moins rapidement, est plus incertaine. Pour que des spores se développent, il leur faut :

1° Une température convenable ;

2° Un degré hygrométrique suffisant.

Mais ces conditions sont insuffisantes si les spores ne rencontrent pas encore :

3° Un terrain favorable, et *si l'épiderme du grain n'est pas en état de receptivité*. Cet état de réceptivité est créé par des circonstances diverses, par un ramollissement de l'épiderme, une déchirure, une lésion imperceptible, etc.

Il faut au parasite vaincre cette résistance naturelle qu'opposent toutes les surfaces extérieures organiques à tout envabissement par un être étranger. C'est la lutte naturelle dans laquelle le plus faible est vaincu.

OBSERVATIONS RELATIVES AU TRAITEMENT

Si on compare le Black-Rot à l'Oïdium et au Mildiou, on peut dire que ces deux derniers parasites sont des champignons *sus-épidermiques* en ce sens qu'ils siègent sur l'épiderme, ou que tout au moins, comme le Mildiou, ils y restent cantonnés sans s'étendre sous l'épiderme de l'endroit lésé.

Le Black-Rot, au contraire, se propage sous l'épiderme avec une rapidité étonnante; il étend son mycélium à la façon des plantes traçantes. C'est un champignon *essentiellement sous-épidermique.*

Si on laisse la spore germer et le mycélium envahir la couche épidermique, il est ensuite trop tard pour traiter. Plus que pour toute autre maladie, les traitements doivent être ici préventifs.

Ces études ne sont qu'une ébauche, mais elles indiquent la meilleure voie à suivre pour l'étude de ces parasites.

Il est d'autant plus nécessaire que les micrographes viticoles adoptent ces procédés d'études que la série des champignons parasitaires est loin d'être close.

On a déjà signalé et décrit plusieurs espèces de Rot. Si on ne se fonde que sur les caractères microscopiques, on risque fort des les confondre. Tandis que l'aspect, la végétabilité, les caractères de cultures, leurs réactions sur différents milieux, sont des bases d'une classification solide.

Docteur R. BOUREAU.

TOURS, IMP. L. DUBOIS, 10, RUE GAMBETTA

www.ingramcontent.com/pod-product-compliance
Ingram Content Group UK Ltd.
Pitfield, Milton Keynes, MK11 3LW, UK
UKHW031951260826
14628UKWH00004B/1993

9 782011 340207